A B O U T **11**

Serie About
*English and Italian texts*

**Baumschlager & Eberle**
Profondità plastiche
ed estetiche del neutro
*A cura di Giacinto Cerviere*

**Pep Zazurca**
Architecture
*Presentazione di Anatxu Zabalbeascoa*

**Cliostraat**
*Testi di Anna Barbara*
*Presentazione di Emanuela De Cecco*

**Pietro Carlo Pellegrini**
Architetture
*Testi di Sergio Polano*
*e Marco Mulazzani*
*Presentazione di Marco Casamonti*

**Catherine Diacomidis**
**Nikos Haritos**
Architettura di trasparenze
*A cura di Yorgos Simeoforidis*

**Nasrine Seraji**
Architettura come territorio
*A cura di Françoise Fromonot*

**Jakob + MacFarlane**
*A cura di Christian Girard*

**Simon Ungers**
Autonomy and Dialogue
*A cura di Jos Bosman*

**Pierre Hebbelinck Atelier d'Architecture**
*A cura di Maurizio Cohen*

**Jo Coenen**
Architettura come territorio | Shared architecture
*A cura di Alberto Alessi*

# markus wespi  jérôme de meuron

a cura di | edited by
**Alberto Caruso**

LIBRÌA

markus wespi jérôme de meuron

Collana diretta da | Editor of collection
**Antonio Carbone**

Coordinamento Editoriale | Editorial Coordination
**Antonio Graziadei**

Traduzioni | Translations
**Irene Lettieri**

Crediti fotografici | Photo credits
**Hannes Henz**
**Jérôme de Meuron** (pp. 66-67)

Stampa | Printing
**Grafiche Finiguerra - Lavello**

Prima Edizione Dicembre 2006
First Edition December 2006

Copyright
**Casa Editrice Libria**
Melfi (Italia)
Tel/Fax +39 (0)972 236054
libria@interfree.it

ISBN 88-87202-79-6

**Sommario** | Contents

**La conquista del silenzio** — 6
The conquest of silence — 12
Alberto Caruso

**Opere** | Works

**Flawil 2000** — 18

**Gondo 2001** — 28

**Morcote 2003** — 32

**Cappella 2003** — 42

**Scaiano 2004** — 46

**Brissago 2004** — 56

**Baltschieder 2004** — 60

**Dottikon 2004** — 64

**Brione 2005** — 68

**Orgnana 2005** — 88

**Treia 2006** — 92

**Selezione delle opere** | Selection of works — 96

Alberto Caruso
**La conquista del silenzio**

Non è facile trovare lo studio di Markus Wespi e Jérôme de Meuron. Su una curva della strada che sale dal lago Maggiore all'abitato di Caviano (nel Gambarogno, sulla sponda orientale del Verbano), l'ingresso è indicato da un manufatto a tunnel di ferro arrugginito, oltrepassato il quale un sentiero scende ripido in un bosco fitto e buio, dalla vegetazione selvaggia, fino ad incontrare una piccola casa tutta di sasso, quasi priva di finestre, di forma cubica. Sollevando lo sguardo, per cercare il sole e per capire dove la luce entra nella casa, appare il grande aggetto di legno che la corona e ne costituisce la copertura. Trovato l'ingresso, attraverso una piccola scala si accede alla luce del grande locale superiore, costruito wrightianamente intorno al camino centrale, e dal quale finalmente si vede il lago, tra le fronde degli alberi più alti.

Non so se Wespi e de Meuron ricevono qui i loro clienti, ma è certo che questo è un modo sicuro per selezionarli: qui arrivano solo quelli che condividono la loro intensa relazione sentimentale con i caratteri naturali dei luoghi, relazione dalla quale nessun loro lavoro prescinde.

3 case a Caviano (1998/2002)

Il primo progetto che hanno realizzato insieme, le tre case a Caviano, è stata la "palestra" architettonica del loro sodalizio, la preziosa occasione di sperimentazione di tecniche costruttive, di materiali, ed anche di invenzioni spaziali, che avrebbero poi sviluppato nei progetti successivi.

Nelle tre piccole case interamente di sasso (l'abitazione dei proprietari, la casa degli ospiti e la casa della musica), trasformate tra il 1998 e il 2002, c'è la ricerca della semplicità distributiva, senza sacrificare nulla della complessità delle prestazioni che caratterizzano l'abitazione contemporanea, c'è lo studio dei modi più diversi ed appropriati di illuminamento naturale dei locali, e c'è, soprattutto, l'invenzione più difficile, della relazione degli edifici con il luogo, costituita dal disegno dei percorsi, dei muri, dei piani e delle sedute, della complessa gerarchia tra spazi pubblici, comuni e privati che sono la ricchezza di questo antico sito, recuperato alla vita moderna.

E' importante accennare ai primi progetti di Wespi e de Meuron, perché una caratteristica peculiare del loro lavoro è la speciale tensione che si coglie nella successione delle opere, nel senso della maturazione, chiaramente percepibile, della loro esperienza: ogni progetto è una tappa del percorso di affinamento fino all'ultima opera, la casa di Brione, che rappresenta una vera novità nel panorama architettonico elvetico, e non solo.

La casa di Flawil, nel Cantone San Gallo, è la ricostruzione, tutta in legno, di un piccolo edificio senza qualità, con la medesima sagoma del preesistente, salvo una limitata estensione verso la strada, percepibile dalla diversa *texture* della parete. La trama lignea orizzontale, che delimita lo spazio vetrato di altezza doppia destinato ad introdurre la luce nei due locali di abitazione sovrapposti, si offre alla pubblica vista dissimulando la sua funzione, la casa non mostra aperture se non girando intorno al suo volume elementare. Qui Wespi e de Meuron rivelano una delle direzioni della loro ricerca sull'abitazione, quella di una relazione apparentemente muta con la vista pubblica della casa. La casa non si rivela come tale, nascondendo le finestre, che, essendo l'apparato tradizionalmente destinato all'illuminazione, distinguono l'abitazione dalle altre costruzioni. Considerando l'intero percorso e l'esito attuale di questa ricerca (la casa di Brione, nella quale l'assenza di finestre è portata alle estreme conseguenze), pensiamo che essa sia diretta più che ad un obiettivo di astrazione dell'immagine domestica, alla conquista di un vero e proprio "silenzio", nel senso di una qualità sensoriale che l'abitare contemporaneo ha perduto, e che va recuperata insieme ad una diversa velocità del tempo, che consenta un nuovo, contemporaneo, rapporto con la natura.

Anche il progetto del grande edificio di Gondo, presentato nel 2001 al Concorso per la ricostruzione del villaggio sul Sempione colpito da una inondazione, si presenta, dalla parte del traffico della strada cantonale, privo di aperture, mentre verso la valle rivela un fronte completamente loggiato. La casa di Morcote, costruita in mattoni di cotto sul lago di Lugano nel 2003, risolve invece l'illuminazione del locale di soggiorno, che occupa tutto il secondo livello dell'edificio, con una sola grande apertura sui lati corti del lungo parallelepipedo. Il riferimento esplicito, in questo caso, è all'architettura rurale lombarda dei fienili, ed è un altro modo per negare la finestra tradizionale. Questa casa è la prima abitazione completamente nuova di Wespi e de Meuron e offre la misura della loro cultura costruttiva. Nella relazione del fabbricato con il suolo, di perpendicolarità rispetto alle curve di livello, e nella limpida sequenza ingresso-scala-soggiorno, che risolvono in modo spettacolare la richiesta dei committenti di valorizzare la vista del lago, è distillata l'esperienza progettuale della casa unifamiliare con vista sul paesaggio, che dagli anni '70 e '80 del secolo scorso ha reso noti nel mondo gli architetti ticinesi.

L'uso estremo del mattone di cotto, con il quale è realizzata l'intero spessore della muratura, costituita da tre blocchi tra loro legati, offre l'occasione per riflettere sulla cognizione della storia del territorio che è intimamente connessa con quella della geografia dei siti: il cotto è materiale della tradizione rurale della pianura lombarda, e viene adottato da Wespi e de Meuron nel Sottoceneri, dove le propaggini comasche e varesine lambiscono il lago. Così come la casa in sasso (materiale da loro adottato nei progetti nel Sopraceneri) costituisce l'elemento invariante dell'architettura montana subalpina, mentre la casa in legno è propria della cultura costruttiva di lingua tedesca a nord del Gottardo. Il Ticino è terra di frontiera e di contaminazione (fin da quando il villaggio *walser* di Bosco Gurin, originariamente costruito in legno dai fondatori migranti, fu in parte ricostruito con il granito della valle Maggia, dopo la distruzione provocata dalla valanga), e tuttavia l'intenso legame sentimentale con la natura si esprime nell'opera di Wespi e de Meuron esercitando la cultura materiale più radicata della terra in cui

lavorano. Le loro case, che peraltro appartengono alla cultura contemporanea dell'abitare, sono costruite dove e come fossero sempre state in quel luogo.
La qualità principale della loro architettura, che ne spiega anche l'apparente differenza figurativa (nessun architetto più di loro è lontano dalla ripetizione di elementi architettonici che rendano facilmente riconoscibili le loro opere), è forse l'"appropriatezza", intesa come capacità di conoscere, assimilare ed interpretare con il progetto la differenza specifica di un luogo, la sua storia e la sua geografia, rispetto agli altri luoghi. Il mutare della forma è legato al mutare di ciò che la rende necessaria, ed è solo questa "necessità" che da senso, che conferisce un valore civile a questo nostro mestiere, che per tanti altri versi viene oggi considerato un po' inutile.
Nel 2004, a Wespi e de Meuron viene affidato il mandato di trasformare in abitazione un fabbricato rustico nel nucleo storico di Scaiano, vicino a Caviano, un parallelepipedo di sasso coperto da falde, caratterizzato da una pianta con un vertice un po' deformato. Il loro intervento consiste nella sostituzione delle falde in un tetto piano, e in una modesta modifica delle poche aperture esistenti, oltre alla trasformazione degli spazi interni, già suddivisi in due locali. Qui l'appropriatezza e la ricerca dell'essenzialità del loro intervento aumentano di spessore rispetto ai progetti precedenti, anche grazie, crediamo, alla "dimensione urbanistica" che il progetto interpreta con autorevolezza. Il fabbricato è quello preesistente, ma la sua relazione con il contesto edificato muta in modo sensibile con il ridisegno degli spazi esterni, costituiti dalla terrazza piana rivolta al paesaggio del lago (dalla quale si gode anche la vista assolata, dalla parte opposta, del solido netto e cristallino del fabbricato, con il disegno delle ombre delle bucature), e soprattutto dall'invenzione, se così si può dire, del "prato pensile". Il prato in quota, delimitato da muri in sasso, una sorta di traccia virtuale di un isolato urbano, che rafforza il carattere "scavato" (come in un bassorilievo) dei percorsi pedonali e che protegge dalla vista pubblica la piccola corte formata davanti all'ingresso della casa, serve a connettere il fabbricato alla trama urbana. C'era una stalla, separata da un orto dagli altri fabbricati del nucleo, mentre oggi c'è una nuova abitazione che fa parte a tutti gli effetti del nucleo. L'effetto di "silenzio" perseguito con il trattamento della superficie della casa, ripulita da ogni aggetto e da ogni dettaglio, e resa disponibile soltanto ai

giochi della luce del sole sulle scalibrature dei blocchi di granito, è intenso, provoca emozioni.

Alvaro Siza dice che *"la chiarezza e l'utilità dell'architettura dipendono dal compromesso con la complessità delle trasformazioni che attraversano lo spazio; compromesso che, nonostante tutto, trasforma l'architettura solo quando, con il disegno, raggiunge la stabilità e una specie di silenzio: il territorio atemporale ed universale dell'ordine"*. Wespi e de Meuron perseguono con tenacia *la chiarezza e l'utilità dell'architettura*, il loro lavoro è una grande fatica, ed il risultato è "semplice", di quella semplicità che è il prodotto finale di un lungo processo di "spiegazione", che rende intelligibile ciò che all'inizio era oscuro e nascosto, senza sacrificare nulla della complessità necessaria. Non c'è alcuna relazione con i "minimalismi", a volte così spazialmente poveri, di moda nella svizzera tedesca

La casa costruita a Brione nel 2005 è l'approdo più attuale della loro ricerca. Dalla strada che sale da Minusio la casa non si vede. Appaiono solo, in mezzo ad alcune case in stile *Tessinerhaus*, un paio di alti muri in sasso, come quelli che contengono il terreno coltivato ad ulivo. Salendo a piedi si comincia a capire che i muri sono volumi collocati su quote diverse, tutti ciechi salvo due basse aperture, la prima delle quali è l'ingresso. Varcata la soglia, lo spazio è inaspettato e sorprendente, ci troviamo "dentro", e proviamo la forte sensazione che si tratti di un pieno, scavato per entrarvi e illuminato da un foro in alto, in copertura. Si scorge subito la scala in linea che porta alla luce, e viene da ragionare sulla dimensione di questo spazio, adatto per ricoverarvi l'automobile, ma bellissimo in sé, privo di ogni carattere tipologico che lo distingua come autorimessa. Emergendo alla superficie ci si avvede che si tratta veramente di un pieno, riempito dall'ingombro della piscina e dei suoi apparati tecnici. La casa è elementare: il grande soggiorno-cucina occupa il piano a contatto con il suolo ed è illuminato da un basso varco provocato nella spessa muratura, la vista dall'interno è parziale e selettiva. Una piccola scala collega il piano superiore, dove le due stanze da letto sono illuminate da patii, dai quali si vede il cielo e penetra una luce speciale, riflessa dalle mille facce dei blocchi chiari di granito. Il tetto è la "quinta facciata" a tutti gli effetti, rivestito anch'esso in sasso, ed è bucato dai patii, che appaiono proprio come logge ribaltate.

L'architettura di questa casa "spiazza" ogni atteggiamento critico avvezzo alla produzione edilizia attuale e sfugge alle consuete categorie, prima di tutto perché annulla ogni volgare separazione ed ogni differente giudizio di valore tra i progetti di trasformazione e la progettazione del nuovo. I muri ed i volumi di sasso sono radicati al suolo come fossero sempre esistiti, come, appunto, manufatti di contenimento del terreno. Il "silenzio" pubblico della casa qui raggiunge la massima intensità poetica, non si tratta più di una casa senza finestre, ma di un opera di sistemazione del suolo, trasformata per abitarvi. Come un muro eretto dai contadini, questo edificio è parallelo e non perpendicolare alle curve di livello: esso propone un rapporto con il suolo nuovo e diverso da quello più tradizionale, consolidato anche nell'architettura moderna, e canonizzato dall'architettura romantica, finalizzato alla conquista della vista panoramica attraverso il distacco perpendicolare dalla pendenza.

Questo, proposto a Brione da Wespi e de Meuron, è un modo di abitare diverso da quello dominante, è razionale, colto ed austero, molto distante dal consumo della natura e del paesaggio proposto dai modelli di comportamento di successo. La sua qualità è tutta da sperimentare.

Wespi e de Meuron si sono fino ad ora misurati con piccole case, più spesso destinate alle vacanze. Le loro idee sull'abitazione, la loro cultura tecnica ed il loro talento andrebbero sottoposti alle prove impegnative della dimensione edilizia maggiore, a quei progetti che determinano la quantità del nostro paesaggio quotidiano: perché dobbiamo riservare questo vasto spazio a quelli che lo hanno finora usato così male?

Alberto Caruso
**The conquest of silence**

It is not easy to find Markus Wespi and Jérôme de Meuron's office. In a bend of the road going up from Lake Maggiore to Caviano (in Gambarogno territory, on the east shore of Lake Verbano), the entrance is marked by a rusted iron gallery. Beyond it, a path goes steeply down into a thick and dark forest of wild vegetation until it reaches a small house, a cube entirely made of stone with nearly no windows. Looking up as to look for the sun and to understand how the light comes in, the large projecting wooden roof appears. The entrance found, one gets at a narrow stair leading to the light-filled and large upper room, which develops all around a central fireplace, as in Wright's architecture. From here one can finally enjoy the view on the lake through the foliage of the higher trees.

I don't know if Wespi and de Meuron receive their clients here, but that is of course a way to select them: the only ones who get here are the ones who share their deep sentimental relation with the natural environment, a relation which is the basis of every work of them.

The first project they made together, that is the three houses in Caviano, has been the architectural "field" of their association and an important chance to experiment construction techniques, materials and new spatial concepts, they would have developed afterwards.

In the three small stone houses (the main house, the guest-house and the music-house), reformed between 1998 and 2002, there is a research of a simple arrangement, which does not contradict the complexity of the contemporary house, there is the study of the diverse and appropriate natural lighting of the interiors and, above all, there is the harder invention, that is the relation of the building with the place, made up of the design of the pathways, the walls, the surfaces, the seats, the complex system of public, common and private spaces, which is the worth of this ancient place, given back to modern life.

It is important to go back to the earlier projects of Wespi and de Meuron, since a feature of their work is the special tension, we can catch on in the sequence of their projects, that is in the visible maturation of them. Every single project is a step of a process of refinement, up to their latest work, the house in Brione, representing a real innovation in the Helvetic and international architectural scene.

The house in Flawil, in the Canton of St. Gallen, is the reconstruction, all made of wood, of a small worthless building. It has the same shape as the existing one, except a limited extension on the street side, one can recognize from the different texture of the wall. The horizontal wooden pattern, which defines the double-height glazed space, letting light come into the two superposed floors, looks outside disguising its function. One cannot perceive the openings of the house but going all around its simple volume. Wespi and de Meuron show here one of the points of their research on the dwelling, that is the apparently dumb relation of the building with the public sight. The house does not show itself as such, since it hides its windows, which, being the traditional illumination system, usually distinguish a house from any other building. If we consider their whole research and its present results (the house in Brione, where the absence of windows is extreme), we think that it pursues the conquest of a real "silence" rather than an abstraction of the domestic image. It pursues a sensory quality, the contemporary house has lost, which has to be found again, together with a different velocity of the time, enabling a new and contemporary relation with nature.

The project of the large building in Gondo, presented at the competition for the reconstruction of the village by the Simplon Pass, affected by a flooding, has neither openings on the cantonal road, while it has a facade with loggias on the valley.

In the house in Morcote, built on the Lake Lugano in 2003 and made of bricks, a single large window on the shortest sides of the extended solid enables the lighting of the living-room, occupying the entire upper floor. In this case there is a clear reference to the Lombardy rural architecture of the barns and this is another way to deny the use of the traditional window. This is the first house of new construction made by Wespi and de Meuron and it gives the idea of their constructive culture. The theme of the detached house with view on the landscape, which made the Ticinese architects famous all over the world since the 70's and the 80's, is developed in the relation of the building with the ground, the orthogonality to the contour lines and in the clear sequence entrance-stairs-living room, which solve in a spectacular manner the clients' request of exalting the view on the lake.

The extreme use of bricks, used for the masonry made of three layers of them bound together, makes us think of the knowledge of the territory history, which is strictly connected with the geography of the places. The brick is a material belonging to the traditional architecture of the Lombardy plain and it is used by Wespi and de Meuron in Sottoceneri, where the extreme extensions of Como and Varese territory touch the lake. As well as the house of stone (the material they use in the projects in Sopraceneri) represents the invariant of Subalpine architecture, the wooden house is typical of the German constructive culture at the north of St. Gotthard Pass. The Ticino is a border area and a melting pot (since the *walser* village of Bosco Gurin, originally made of wood by the migrating founders, has been partially rebuilt using the Maggia Granite, after the destruction provoked by the avalanche). Nevertheless Wespi and de Meuron's strong sentimental relation with nature is expressed in their works through the deep-rooted material culture of the territory they are working in. Their houses, however interpreting the contemporary lifestyle, seem to have always been how and where they actually are.

The main quality of their architecture, explaining the seeming figurative differences of their works (they are far from using the repetition of architectural elements that could make their works easily recognizable) is perhaps the " appropriateness", intended as the capability of knowing, assimilating and interpreting through the project the singularity of a place, its history and his geography, in comparison with other places. The mutation of the form depends on the mutation of what makes it necessary. It is only this "necessity" that gives a sense and a civic value to our profession, which is often considered useless nowadays.

In 2004 Wespi and de Meuron had the task of transforming a rustic building in the center of Scaiano, near Caviano, into a house. It was a simple volume made of stones with a sloping roof and a particular deformed plan. Their intervention consists in the replacement of the existing roof with a flat one and few changes in the windows, in addition to the design of the interior, which was already divided into two different spaces. The appropriateness and the research of simplicity of their intervention are here stronger than in their previous projects. We think that it is also due to the "urban dimension", which the project excellently interprets. The building is the same as before, but the landscape design sensibly changes its relation with the built environment. The project consists in the flat terrace looking at the lake (from where one can also enjoy, on the opposite side, the sunny view of the clear and crystalline volume of the building and the shadows of its windows) and in the invention of the "hanging lawn". The elevated lawn is protected by a stone wall, that is a kind of virtual trace of an urban block, underlining the idea of "carved" walkways (as in a relief artwork) and protecting the small forecourt of the house from the public sight. It connects as well the building to the urban structure. There was a stable, that a garden separated from the other buildings, while now there is a new house taking actually part of the urban center. The effect of "silence", obtained by the treatment of the surface of the house, which is clear from any projections or details and can receive the effects of sunlight on the inexactness of the Granite blocks, is intense and provokes emotions.

Alvaro Siza says that *"the clearness and the usefulness of architecture depend on the compromise with the complexity of the transformations occurring through the space. Nevertheless it is a compromise transforming architecture as far as it achieves stability and a sort of silence by means of the project: the timeless and universal territory of the order"*. Wespi and de Meuron tenably pursue *the clearness and the usefulness of architecture*. Their work is hard, but the result is "simple", a simplicity that is the result of a long process of "explication", making comprehensible what, at the beginning, was obscure and unrevealed, without sacrificing the necessary complexity. There is no relation with the "minimalisms", often poor in term of space, which are nowadays usual in the German-speaking Switzerland.

The house, built in Brione in 2005, is the most recent result of their research. From the road coming up from Minusio, one cannot see it. Among some houses in *Tessinerhaus* style, only a pair of tall stone walls, like the retaining walls of the olive fields, appear. Walking upwards, step by step, one can understand that these walls are indeed volumes, put on different levels. They are all solid, except two lower openings, one of which is the entrance. The door entered, the space is amazing and unexpected: we are "inside" and we feel a strong sensation of a solid, craved to be entered in and lighted by a large hole cut in the roof. One can see at once the straight stairs, dealing towards the light and is induced to think of the dimension of this space, suitable for a car, but really beautiful in itself and without any specific feature of a garage. Coming out to the surface, one understands that it is really a solid, filled with the volume of the swimming pool and its technical installations. The house is really simple: a large living room-kitchen occupies the ground level and is lighted by a low opening, cut into the thick wall. The view from inside is partial and selective. A narrow stair connects the upper floor, where two bedrooms catch the light from two patios, from where one can see the sky and a special light comes in and reflects on the thousands faces of the clear granite blocks. The roof is the very "fifth facade" of the house. It has a stone coating and it is cut with patios, appearing as reversed loggias.

The architecture of this house "surprises" any critic attitude, used to the current building production and escape the usual schemes, first of all because it sets off any vulgar distinction and value judgement between the projects of building transformation and the new constructions. The stone walls and volumes are rooted into the ground as they had always been there, as retaining walls. The public "silence" of the house reaches here the higher lyricism. It is no longer a house without windows, but rather a landscape work on the ground, transformed to be lived in. As a wall built by peasants, the house is not perpendicular to contour lines, but follows them: it suggests a relation with the ground, which is new and different from the more traditional one, also proposed by modern architecture and consecrated by Romanticism, aiming to the view on the landscape by means of a detachment, perpendicular to the slope.

Wespi and de Meuron's proposal in Brione is a way of living, which is different from the main one. It is rational, refined and rigorous, far from the nature and landscape exploitation, proposed by the successful attitude models. Its quality has to be experimented.

Up to now Wespi and de Meuron has only made small houses, most of them holidays houses. Their ideas on dwelling, their technical culture and their talent should undergo the difficult test of the larger scale buildings, which are the project that mostly affect our everyday landscape: why do we keep such a large space for the ones who has used it so bad?

Opere | Works

Flawil 2000

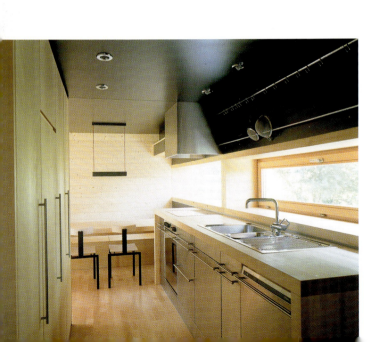

**Gondo 2001**

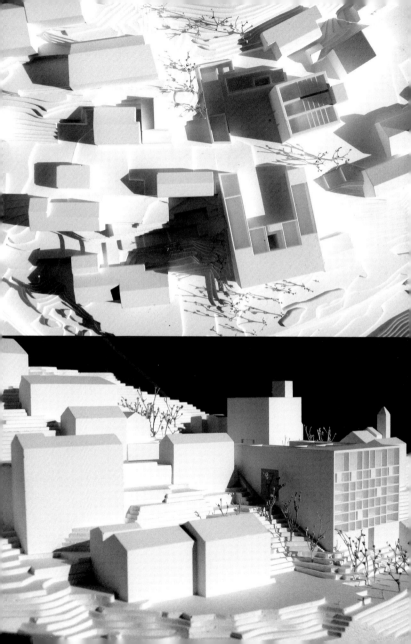

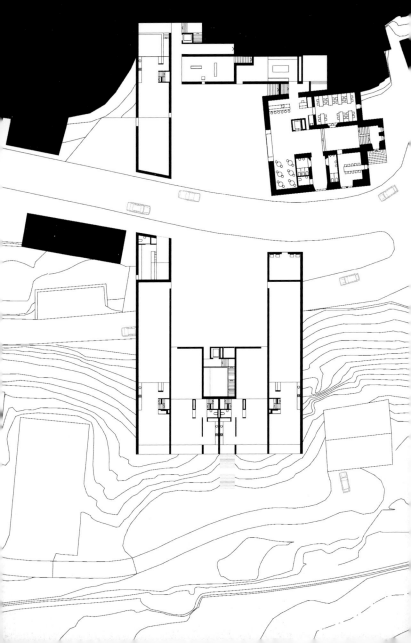

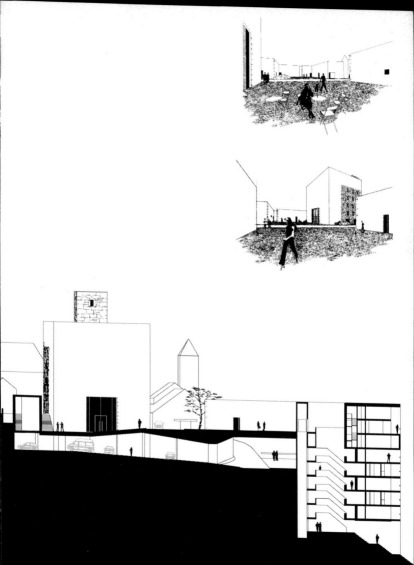

Morcote 2001

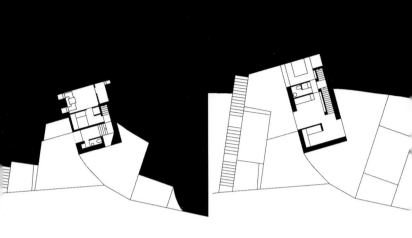

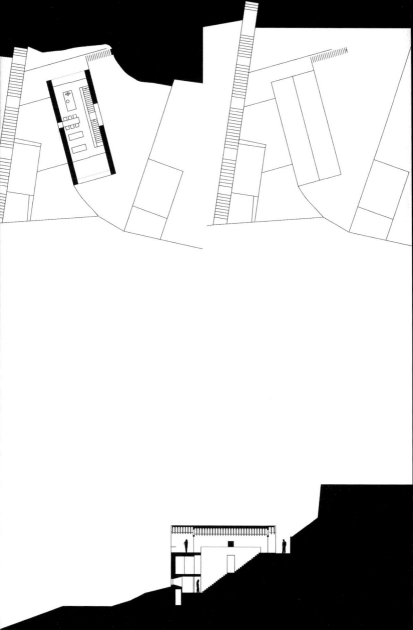

Cappella 2003

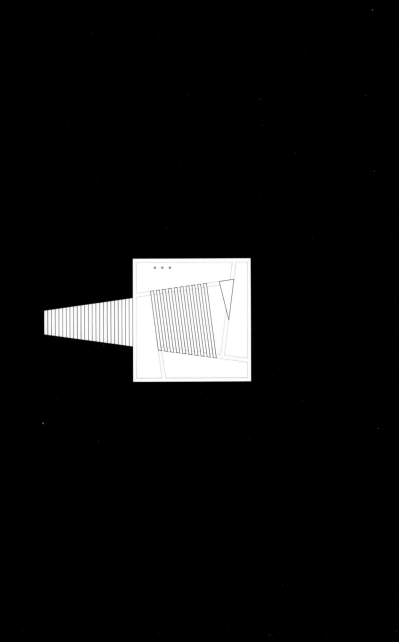

Scaiano 2004

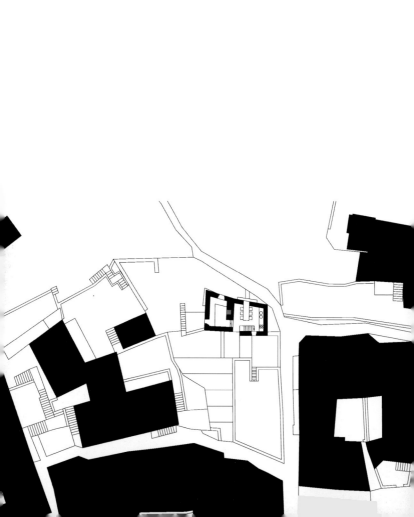

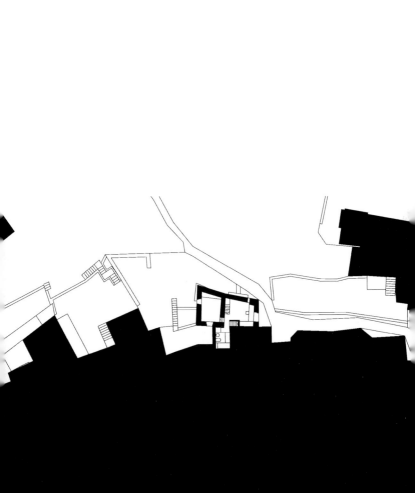

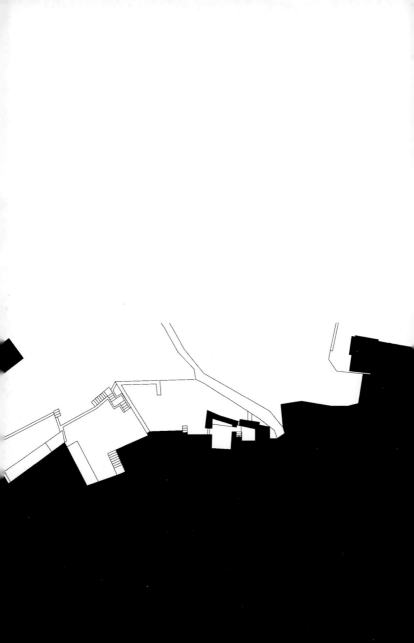

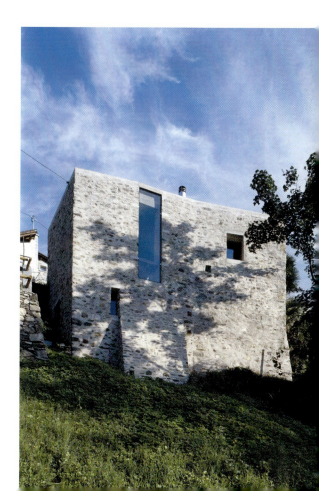

Brissago 2004

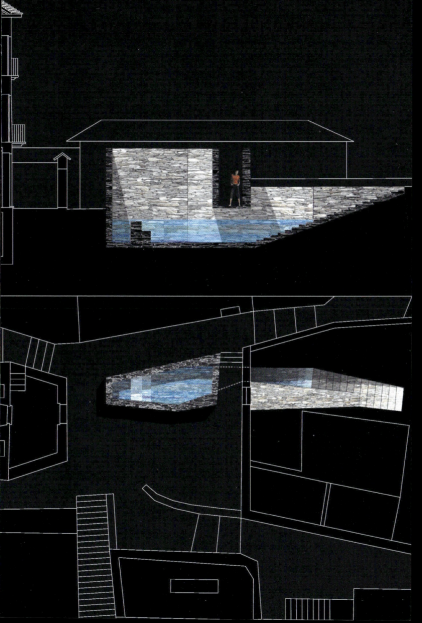

**Baltschieder 2004**

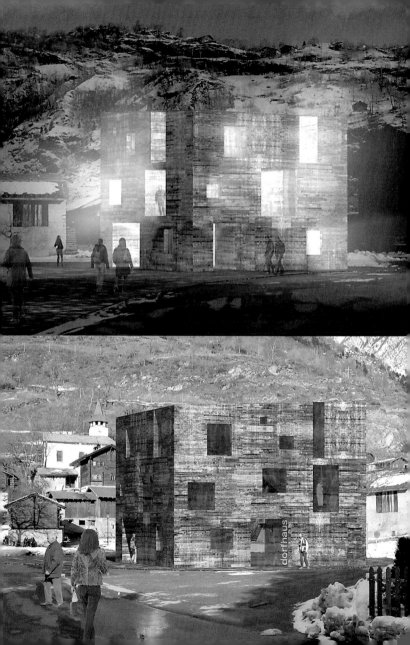

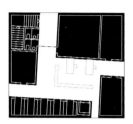

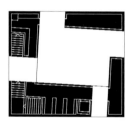

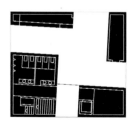

Dottikon 2004

Brione 2005

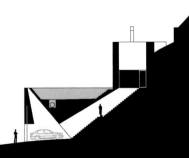

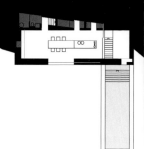

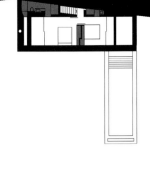
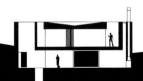

**Orgnana 2005**

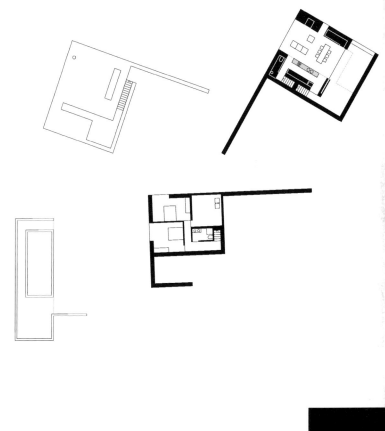

Treia Italia 2006

Secondo piano | 2nd floor    Primo piano | 1st floor

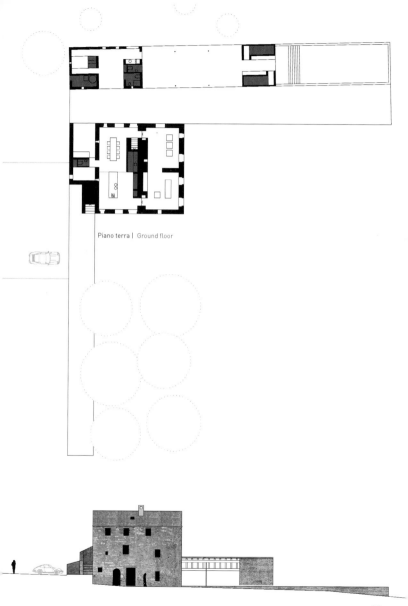

Piano terra | Ground floor

**Selezione delle opere** | Selection of works 2000 - 2006

Trasformazione di una casa d'abitazione a Flawil SG Svizzera.
Renovation of a house in Flawil SG Switzerland.
**Realizzazione** | Realization 2000

Concorso per la ricostruzione del nucleo di Gondo VS Svizzera
Competition for the reconstruction of Gondo town center VS Switzerland.
**Committenza: Comune di Gondo** | Client: Municipality of Gondo
**Progetto** | Planning 2001

Nuova casa d'abitazione a Morcote TI Svizzera.
New house in Morcote TI Switzerland.
**Realizzazione** | Realization 2003

**Concetto di cappella**
Concept of chapel
**Progetto** | Planning 2003

Trasformazione di una casa di vacanze a Scaiano TI Svizzera.
Renovation of a holyday house in Scaiano TI Switzerland.
**Realizzazione** | Realization 2004

Piscina e trasformazione di una piazzetta a Brissago TI Svizzera.
Swimming pool and redevelopment of a small square
in Brissago TI Switzerland.
**Progetto** | Planning 2004

Concorso per la ricostruzione del nucleo di Baltschieder VS Svizzera.
Competition for the reconstruction of Baltschieder town center
VS Switzerland. **Committenza: Comune di Baltschieder.** | Client:
Municipality of Baltschieder. **Progetto** | Planning 2004

Trasformazione di una casa d'abitazione a Dottikon AG Svizzera.
Renovation of a house in Dottikon AG Switzerland.
**Realizzazione** | Realization 2004

Nuova casa d'abitazione a Brione s/M TI Svizzera.
New house in Brione s/M TI Switzerland.
**Realizzazione** | Realization 2005

Tre case d'abitazione a Orgnana TI Svizzera.
Three houses in Orgnana TI Switzerland.
**Progetto** | Planning 2005

Trasformazione di una casa d'abitazione a Treia MC Italia.
Renovation of a house in Treia MC Italy
**In corso di realizzazione** | In realization 2006